Die Autorin

Chao-Hsiu Chen wuchs in Taiwan auf, wo sie in den alten Weisheiten des Buddhismus, des Konfuzianismus und des Taoismus unterrichtet wurde. Von ihrem Vater, einem bedeutenden Architekten, erhielt sie ihr Wissen um Wesen und Wirkung des Feng Shui, von ihrer Mutter ihre musikalische und künstlerische Kraft. Sie studierte Musik in Wien und Salzburg, u.a. als Schülerin von Carl Orff. Mit ihren Vorträgen und Büchern (36 Werke in 17 Sprachen) wurde sie zu einer der wichtigsten Interpretinnen chinesischer Weisheitslehren im Westen. Die Komponistin, Feng-Shui-Beraterin, Malerin und Kalligraphin (Ausstellungen in Zürich, Rom, München, Frankfurt, Vaduz u.a.) lebt mit zwei Huskies und einem Setter-Mischling in den Weinbergen südlich von Rom. Für die Ullstein Edition ihrer Werke hat sie selbst in traditioneller chinesischer Pinseltechnik die Umschläge gestaltet und alle Bände mit Tuschezeichnungen illustriert.

Weitere Werke der Autorin in gleicher Ausstattung in unserem Programm:

Der Meister
Die Worte des Meisters
Feng Shui
Feng Shui der Seele
Tao Te King

CHAO-HSIU CHEN

Tempel des Tao

Der geheime Weg zur Chi-Lebenskraft

Mit 81 Tuschezeichnungen
der Autorin

Durch Chao-Hsiu Chen autorisierte
Übertragung aus dem Amerikanischen
von Hans Christian Meiser

Ullstein

Besuchen Sie uns im Internet:
www.ullstein-taschenbuch.de

Ullstein Esoterik
Herausgegeben von Michael Görden

Durch Chao-Hsiu Chen autorisierte Übertragung
aus dem Amerikanischen von Hans Christian Meiser

Umwelthinweis:
Dieses Buch wurde auf chlor- und säurefreiem Papier gedruckt.

Originalausgabe im Ullstein Taschenbuch
1. Auflage September 2005

Umschlaggestaltung: FranklDesign, München
Titelabbildung: Chao-Hsiu Chen
Gesetzt aus der Times
Satz: Keller & Keller GbR
Druck und Bindearbeiten: Ebner & Spiegel, Ulm
Printed in Germany
ISBN-13: 978-3-548-74243-4
ISBN-10: 3-548-74243-2

INHALT

EINFÜHRUNG	7
DER GEHEIME WEG	11
TEMPEL DES TAO	15
DER BLAUE OCHSE	179

EINFÜHRUNG

Lao Tse, so schrieb ich in meinem Buch »Feng Shui – gesund und glücklich leben«, lehrt, dass alles Existierende aus Yin und Yang zusammengesetzt ist und dass es das Chi ist, das beide harmonisch miteinander verbindet. Und der Philosoph Men Tse sagt, dass im Himmel und auf Erden alles von Chi erfüllt ist. Dieses sei die größte und stärkste Kraft überhaupt und würde sogar Raum und Zeit beeinflussen. Der weise Lao Tse hatte erkannt, dass alles, was in einem einzigen Augenblick geschieht, auf dem ewigen Wechselspiel der Polaritäten von Yin und Yang beruht – wobei eben dieses Geschehen von der Lebensessenz, dem Chi, durchflutet wird. Yin, so ist mittlerweile auch im Westen bekannt, verkörpert die weibliche Seite der Welt und wird mit Dunkelheit, Erde, Mond, Einhalt, Feuchtigkeit, Kälte, Trauer und Nacht assoziiert, wohingegen Yang für Helligkeit, Himmel, Sonne, Bewegung, Trockenheit, Wärme, Glück und Tag, also die männlichen Eigenschaften steht (man darf diese Unterscheidung gewiss nicht unter feministischen Gesichtspunkten sehen, sondern allein unter naturphilosophischen). Es geht bei einem geglückten Leben nunmehr darum, diese Polaritäten miteinander in Harmonie zu bringen, damit keine der beiden Seiten die andere dominiert. Wenn dann Yin und Yang miteinander in Einklang sind, kann sich positives Chi entwickeln.

Im Westen ist die Lehre vom Chi oft mit dem Vorzeichen des Esoterischen versehen, was nicht immer günstig bewertet wird. Blickt man dagegen zum »Reich der Mitte«, erkennt man, dass für das gesamte Volk der Chinesen das Chi seit etwa 2500 Jahren etwas völlig Selbstverständliches ist, was sich besonders auch heute noch – etwa in den Parkanlagen der Großstädte – erkennen lässt, wenn dort Hunderte von Menschen ihr Chi trainieren, indem sie Chi-Gong-Übungen machen. »Wer sein Chi entwickelt, wird den rechten Weg finden. Dieses Chi ist die größte und stärkste Energie, die es gibt. Chi ist überall«, sagte schon Men Tse.

Chi lebt in allen Dingen, es ist ihre Energie, ihr Motor sozusagen, ihre Antriebs- und Lebenskraft. Das Natürlichste, was es gibt, ist Chi. »Was die Welt im Innersten zusammenhält« (Goethe) – das ist Chi. In allem, was man täglich berührt oder auch isst, lebt das Chi. Es ist in uns und um uns herum. Wir können ihm nicht entkommen, denn wir sind ein Teil von ihm.

Ohne Chi sind wir nicht lebensfähig. Das wussten auch andere Völker und gaben ihm andere Namen: »Ki« heißt es bei den Japanern, »Mana« bei den Polynesiern, »Prana« bei den Indern, »Pneuma« bei den alten Griechen, »Odem« bei den Germanen und »Atem des Lebens« bei den Mystikern, die es oft als göttlich bezeichnen. Die weniger metaphysisch als vielmehr praktisch veranlagten Chinesen halten das Chi hingegen für das Naturgegebenste und Einfachste, was es gibt. Es geht für sie ausschließlich darum, es für den Menschen zum Zwecke seines Wohlergehens nutzbar zu machen. So ist z. B. neben dem Chi Gong auch die Chakren-Lehre davon beeinflusst, nach der entlang der Wirbelsäule des menschlichen Körpers so genannte Energiepforten lokalisiert sind, durch welche das Chi fließt. Sind diese – wodurch auch immer – ganz oder teilweise blockiert, entsteht Krankheit.

Die Aufgabe lautet also, für einen konstanten Chi-Fluss zu sorgen.

Da aber nicht nur der Mensch über Chi verfügt, sondern – wie gesagt – alles, was überhaupt existiert, ist es für ein geglücktes Leben letztlich unerlässlich, eine Chi-Balance herzustellen, damit eben jene Disharmonie vermieden wird, die das Dasein des Menschen zur Hölle machen kann. Das ist auch der Grund, weshalb die Feng-Shui-Lehre sich heute weltweit so großer Beliebtheit erfreut.

Im Folgenden habe ich in 81 Kapiteln (nicht ohne Grund, denn auch Lao Tses »Tao Te King« besteht aus 81 Kapiteln) versucht, aufzuzeigen, wie es gelingen kann, den geheimen Weg zur Chi-Lebenskraft einzuschlagen. Ich hoffe, dass meine Leser nunmehr bereit sind, sich mit mir gemeinsam auf die Reise zu begeben, damit das Chi, auf das wir dabei stoßen werden, seine Wirkung gerade dort entfalten kann, wo es gebraucht wird...

Chao-Hsiu Chen, im Frühling eines schönen Jahres, nach vielen Jahren erneut vor dem Tor zum »Tempel des Tao« stehend.

N. B.: Die Tuschezeichnungen, die ich jedem Kapitel beigefügt habe, hätte ich übrigens ohne mein vorangegangenes Chi-Training niemals so kraftvoll anfertigen können, denn das Chi hat mein Atmen beeinflusst – und die Kunst der Tuschezeichnung beruht zu einem großen Teil auf dem richtigen Atmen.

DER GEHEIME WEG

Der helle Klang der Tempelglocke stieg in den wolkenlosen Himmel und kehrte von dort zu den sorgenfreien Bergen zurück, welche die mit dichtem Grün bewachsenen Hügel fast mühelos überragten. Das Läuten durchbrach die Stille und schien sich erst nach einer Weile zu entscheiden, wohin es sich wenden wollte. Viele verschlungene Pfade durchzogen die Gegend – doch am Ende desjenigen, der sich den größten Hügel hinaufwand, fand sich die Quelle der Töne: eine gewaltige Tempelanlage mit rotem Zaun und grünem Dach thronte da auf dem Gipfel; und etwas weiter dahinter sah man eine zweite, sehr ähnliche Anlage; und hinter dieser eine dritte, welche das Gesamtensemble komplettierte.

Mein Vater und ich, die wir hierher in den Süden Taiwans gekommen waren, um diesen Tempel aufzusuchen, waren überwältigt von den Dimensionen und der Magie, die er auf die Besucher auszustrahlen schien, denn alle waren wir sprachlos angesichts einer solchen Pracht.

Als wir dann schließlich die Gebetshalle betraten, konnte ich meine Überraschung nicht verbergen: In der Mitte standen auf einem Altar drei Statuen – eine von Buddha, eine, die Konfuzius darstellte, und eine, die Lao Tse, den Begründer des Taoismus, zeigte.

Wie praktisch, dachte ich, die ich damals noch sehr jung war, bei mir und musste innerlich lächeln, dieser Tempel bietet jedem etwas, egal, welcher Richtung er anhängt. Und zu meinem Vater gewandt fragte ich: »Wie ist es möglich, dass es einen Raum für alle drei großen Verehrungswürdigen gibt?«

»Das ist doch nichts Außergewöhnliches«, gab er zurück, »wir Chinesen – und speziell wir, die wir in Taiwan leben – schätzen doch Buddha, Konfuzius und Lao Tse gleich hoch ein. Alle haben sie uns bis heute geprägt. Da ist es doch sogar sinnvoll, wenn sie alle in einem einzigen Tempel verehrt werden.«

Das leuchtete mir ein. Was mir aber nicht gefiel, war, dass immer mehr Besucher in die Gebetshalle strömten, die sich nach und nach füllte, so dass wir bald kaum mehr Platz hatten, uns zu bewegen. Außerdem hatte ich das Gefühl, dass diese Menschen nicht wirklich tief gläubig waren, denn sie verhielten sich eher laut als respektvoll. Enttäuscht nahm ich meinen Vater an der Hand und zog ihn von der Menge fort.

Während wir schweigend durch die Tempelanlage gingen, nahm plötzlich eine kleine, völlig leere Gebetshalle meine Aufmerksamkeit in Bann. Irgendeine Macht lenkte mich hier hinein, als hätte ich einen geheimen Weg betreten; und nicht nur ich, auch mein Vater spürte, dass dort eine ganz besondere Energie herrschte; etwas, das man nicht sehen konnte, das man jedoch zu spüren vermochte, etwas, das man nicht anfassen konnte, das aber dennoch da war. Plötzlich füllte sich mein Herz mit einer Freude, die mir bis zu diesem Tag fremd gewesen war. Ich ahnte: Ich musste hier verharren – und meinem Vater ging es ebenso. Und so blieben wir, bis die Dunkelheit sich über die gesamte Anlage legte. Aber die Nacht mit ihrer Schwärze ängstigte uns nicht – im Gegenteil: Wir blieben wach, wir beteten, wir meditierten – so intensiv, wie wir es noch nie zuvor getan hatten.

Ich konnte damals noch nicht wissen, dass mir diese Stunden im Tempel etwas offenbarten, das sich mir erst viel später in seiner ganzen Fülle enthüllen sollte. Was ich an diesem Tag erfuhr und erst Jahre später schließlich zu verstehen begann, möchte ich hier nun all jenen mitteilen, die dafür empfänglich sind. Ich bin sicher, sie werden von diesem Wissen genauso viel Gewinn haben wie ich – denn heute ist mir klar: Das, was damals die Gebetshalle erfüllte, war das reine, unverfälschte, ewige Chi.

TEMPEL DES TAO

1

Es gibt etwas, das schon existierte, lange bevor
Himmel und Erde in Erscheinung traten.
Es hat keine Gestalt.
Es ist so groß, dass es alles in sich vereinen kann.
Es ist so klein, dass es alles zu durchdringen vermag.
Es bewegt sich und kann alles in Bewegung bringen.
Es ruht in sich und lässt sich von nichts berühren.
Es verändert sich fortwährend, doch im Wechsel
bleibt es gleich.
Niemand kann es benennen.
Deshalb wird es Tao genannt.

2

Das Tao kann nicht benannt werden.
Doch sein Sein lässt sich beschreiben.
Das Tao ist nicht wesenlos.
Doch sein Wesen kann man nicht sehen.
Es kann nicht benannt werden.
Deshalb wird es Chi genannt.

3

Das Chi hat keine Form, keinen Klang, keine Farbe,
keinen Geruch.
Es kann nicht berührt werden.
Doch es ist die Kraft, der Beginn und das Ende
aller Wesen.
Das Chi und das Tao formen einander –
wie der Himmel die Erde bedeckt
und wie die Erde den Himmel trägt.

4

Das Chi und das Tao sind der Anfang von Himmel und Erde.
Sie sind Mutter und Vater aller Wesen.
Sie sind das Wesen des Männlichen und des Weiblichen.
Sie sind der Grund für das Dunkle und das Lichte.
Sie sind der Beginn von Wärme und Kälte.
Sie sind da, um all die Wesen zu nähren und über sie zu wachen.

5

All die Wesen kommen, weil es Chi und Tao gibt.
All die Wesen vergehen, weil es Chi und Tao gibt.
Wer das Chi und das Tao versteht, kennt des Lebens Geheimnis.

6

Chi und Tao lassen sich nicht voneinander trennen.
Wer über das Chi verfügen möchte, muss auf das Tao achten.
Je höher und reiner das Tao ist, umso stärker und länger wird das Chi verweilen.
Das Chi ist das Wesen des Lebens.
Wo immer Chi ist, ist Leben.
Wenn das Chi vergeht, endet das Leben.

7

Chi, Tao und Leben sind eins.
Wer es versteht, das Chi zu schützen,
wird mit dem großen Tao leben
und sich eines langen Daseins erfreuen.
Das Chi ist das Wichtigste für ein gesundes Leben.
Es kann wie Feuer emporsteigen
und den Himmel erleuchten,
doch es kann auch wie eine Flamme verglühen
und sich als Asche mit der Erde vermengen.

8

Diese drei – Chi, Tao und Leben – haben
denselben Ursprung.
Niemand kann sie sehen, doch jeder stimmt zu,
dass es sie gibt.
Ein jeder weiß um ihren Verbleib,
doch keiner kennt das Woher.
Dies gleicht der Quelle des Wassers,
sei sie in tiefer Erde verborgen
oder auf dem hohen Berg.
Wir wissen, wo die Quelle ist,
aber nicht, woher das Wasser stammt.

9

Sobald einer das Tao findet, erhebt sich das Chi unbemerkt.
Seine Lebenskraft wird stärker
und Gesundheit wie Persönlichkeit erscheinen
einer schönen Blüte gleich.
Er muss diese Blüte keinem zeigen,
denn selbst ein Blinder wird von ihrer Schönheit angezogen.

10

Die Blüte der Lebenskraft verbirgt sich
in der Mitte eines jeden Herzens.
Nur wenige haben sie je entdeckt.
Sie gleicht einem Schloss:
Nur wer den rechten Schlüssel besitzt,
vermag es zu öffnen.
Doch ist dies einmal geschehen, betritt man
die heilige Halle des Tao,
worin das Chi das Leben umarmt
wie eine Mutter ihr Kind –
voller sorgloser Fürsorge und selbstloser Liebe.
Diese beiden lassen das Leben gedeihen.
Ohne sie vergeht das Chi.
Ohne Chi vergeht das Tao.
Ohne Tao vergeht das Leben.

二

11

Das Chi kann nicht benannt werden,
doch es ist der Kraft des Lebens sehr nahe,
so dass man es fast Lebenskraft nennen könnte.
Diese beiden, Leben und Lebenskraft,
gleichen zwei Parallelen.
Bewegen sie sich mit derselben Geschwindigkeit
in dieselbe Richtung,
entstehen Wohlstand und Gleichklang,
Gesundheit und Glück.

12

Bewegen sich Leben und Lebenskraft,
diese beiden Parallelen,
in verschiedene Richtungen
oder mit unterschiedlicher Geschwindigkeit,
entstehen Chaos und Desaster, Krankheit und Unglück.
Es ist wie bei einem Drachen, der in der Luft zerbricht:
Er kann nur hinunterfallen.

13

Wenn die beiden Parallelen von Leben
und Lebenskraft miteinander verschmelzen,
entsteht eine einzige Linie.
Diese findet ihren Platz zwischen Himmel und Erde.
Dann entsteht ein wunderbares Dasein
voller Liebe und Fürsorge.
Doch wie werden diese beiden Linien zu einer?
Wie erreicht man dieses wunderbare Dasein?
Die Antwort findet sich im Tempel des Tao.

14

Der Tempel des Tao ist kein Tempel,
sondern ein Ort zwischen Himmel und Erde.
Er gleicht einem Haus mit vier offenen Zäunen,
er ähnelt einem Palast ohne Dach.
Ein jeder kann ihn ohne Zwang betreten.
Ein jeder kann ihn ohne Zwang verlassen.
Doch nur wer in seiner Mitte zu verweilen vermag,
um den kalten Wind freudig willkommen zu heißen
und den Regen und den Schnee dankbar zu umarmen,
wird den Schlüssel finden,
die heilige Halle des Tao zu betreten.
Diese ist über und über mit Lebenskraft gefüllt.
Man muss sie nicht ergreifen, sie dringt in einen ein,
wie der Regen in die Erde.
Dann werden Liebe und Fürsorge gedeihen
wie Bambussprossen nach einem Frühjahrsregenguss.

15

Doch wie gelangt man zur Mitte des Tempels des Tao?
Indem man Himmel und Erde misst?
Indem man ohne Unterbrechung hinein- und herausgeht?
Indem man kalten Wind und schweren Schnee fürchtet?
Nein.
Man findet den Weg nur,
wenn man andere Menschen und Wesen achtet.
Wer andere zu achten weiß, weiß auch sich selbst zu achten.
Und nur wer mit dieser Achtung lebt,
wird die Liebe und Fürsorge bei anderen verbreiten.
Dann wird auch die Mitte des Tempels des Tao gefunden sein.

16

In der Mitte des Tempels des Tao nährt das Chi
all die Wesen mit Liebe und Fürsorge.
Dadurch können sie ihre Wurzel in die Erde pflanzen,
ihre Kraft von Grund aus entfalten,
ihren guten Willen überall verbreiten
und ihr Vorbild himmelwärts wachsen lassen.
Auf diese Weise gibt das Tao dem Chi
und das Chi all den Wesen Liebe und Fürsorge.

17

Deshalb heißt es:
Das Tao existiert – und das Chi existiert.
Auch wenn beide nicht sichtbar sind,
sind sie überall zu sehen: in den Herzen aller Wesen.
Dieses Dasein ist kein Dasein,
doch das Wesen von selbstloser Liebe
und sorgloser Fürsorge.
Nur wer selbstlos liebt und sorglos fürsorglich ist,
wird anderen gegenüber in der rechten Weise
Liebe und Fürsorge aufbringen können.

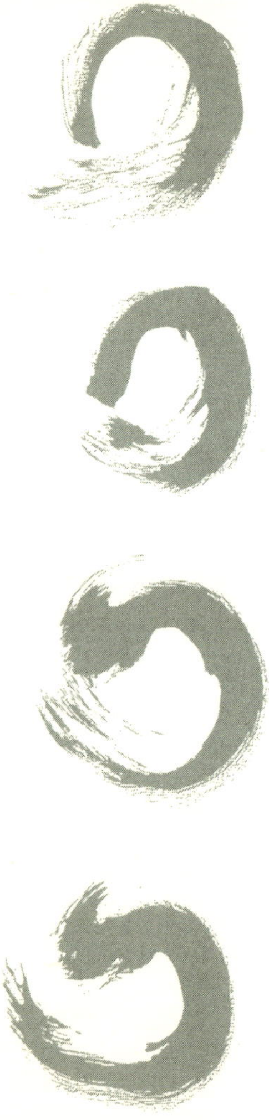

18

Es gibt vier Arten von Chi, die das Leben eines jeden erheben:
Ehrliches Chi, das den Menschen auf den rechten Weg führt.
Gerechtes Chi, das den Menschen zur Treue leitet.
Kraftvolles Chi, das den Geist des Menschen bewacht.
Klares Chi, das den Menschen ruhig und überlegen macht.
Es gibt vier Arten von Chi, die das Leben eines jeden geringer werden lassen:
Geiziges Chi, das den Charakter des Menschen abstoßend macht und seinen Geist eng.
Böses Chi, das all die schlechten Taten verursacht.
Düsteres Chi, das der Grund für Unglück ist.
Hitziges Chi, das falsche Entscheidungen heraufbeschwört.
Sollte man nicht das schlechte Chi vermeiden und nach dem guten streben?

19

Ehrliches Chi kommt dem Menschen nur dann zu,
wenn er sich nicht einbildet, tugendhaft zu sein.
Stattdessen sollte er von der Erde lernen:
Obwohl sie täglich mit Füßen getreten wird,
verschenkt sie ihre Früchte und Blumen.
Der Gute geht auf ihr – und sie trägt ihn fürsorglich.
Der Schlechte tritt auf ihr herum – und sie trägt ihn fürsorglich.
Menschen leben auf ihr – und sie nährt sie mit Liebe.
Tiere leben auf ihr – und sie nährt sie mit Liebe.

20

Gerechtes Chi kommt einem Menschen nur dann zu,
wenn er sich nicht für einen Weisen hält.
Stattdessen sollte er dem Beispiel des Himmels folgen:
Dieser verspricht nichts, doch hält er alles.
Der Regen fällt auf den Acker des Reichen fürsorglich.
Der Regen fällt auf den Acker des Armen fürsorglich.
Der Schnee bedeckt das Land des Menschen liebevoll.
Der Schnee bedeckt das Land der Tiere liebevoll.

21

Das kraftvolle Chi findet sich überall, man muss nicht nach ihm suchen.
Doch es wird denjenigen verlassen, der vergessen hat, einen jeden Augenblick im Leben zu schätzen, und der es nicht für nötig hält, für jeden Tropfen Regen dankbar zu sein, jeden Strahl der Sonne zu umarmen und das Mondlicht einzuatmen.

22

Das klare Chi ist schwer zu erreichen.
Es findet sich hoch über dem Himmel und tief unter dem Tal,
doch es lebt auch im Herzen eines jeden.
Nebelhaft ist es und trübe, unsichtbar und unberührbar,
denn es liegt unter Bergen von Sorgen und Wünschen
begraben.
Man kann diese abtragen, wenn man beginnt, Geschmack
am reinen Wasser zu finden und die Schönheit im Einfachen
zu entdecken.
Und wenn man versteht, dass alles, was sich an Gutem
ereignet, auch eine schlechte Seite hat,
wie umgekehrt alles Schlechte eine gute Seite aufweist.

23

Wenn ein Mensch seine Angelegenheiten für
wichtiger erachtet als die anderer,
wenn er seine Kinder mehr liebt als die anderer,
wenn er seine Ahnen mehr achtet als die anderer,
wenn er mehr seinen eigenen Gewinn anstrebt
als den Vorteil anderer
und wenn er den eigenen Erfolg höher schätzt
als das Wohlergehen anderer –
dann wird ihn das geizige Chi Tag und Nacht
verfolgen – bis zu seinem letzten Atemzug.

24

Tritt das böse Chi auf, hält sich der Mensch für äußerst wichtig.
Er wird seine Ohren dem guten Rat verschließen.
Sein Geist ist mit Vorhaben erfüllt, die nicht umsetzbar sind.
Sein Herz gehört nur dem gegenwärtigen Vergnügen.
All dies wird sein Leben frühzeitig beenden.

25

Das düstere Chi ist an jedem Ort.
Es vermag einen Menschen einzuhüllen wie der Himmel die Erde. Es gibt dann kein Entrinnen.
Nichts zwischen Himmel und Erde ist voller, doch ist auch nichts zwischen den Bergen und Tälern leerer.
Um sich vor diesem Chi zu schützen, ist es gut, für alle lebenden und alle gestorbenen Wesen zu beten.
Hier sind die Worte:
En Ma Ni Be Mi Hon.
(Mögen alle Wesen glücklich sein.)
Man kann auch chanten:
An Bo Lo Mo Lin Tuo Nin Sa Po He.
(Mögen alle Wesen voller Liebe sein.)

26

Das hitzige Chi wird meist vom Menschen selbst erzeugt.
Ist es einmal da, begleitet es ihn sein Leben lang,
beeinträchtigt seinen Erfolg. Wie aber entsteht es?
Durch Reden ohne Unterlass, durch rastloses Handeln.
Deshalb:
Chante statt zu reden.
Bete statt zu handeln.

27

Wenn du dein Reden nicht beenden kannst, chante:
Ji Zai Ji Zhong Ji Zai Dian Zhong.
(In der Stille ist das All ein Punkt.)

28

Ist dein Handeln rastlos, bete:
Yi Bu Bian Yin Wan Bian.
(Alles, was sich ereignet, ereignet sich nicht,
wenn man in sich ruht.)

29

Kann man ein Neugeborenes zwingen,
in kurzer Zeit erwachsen zu werden?
Kann man einen Erwachsenen zwingen,
in kurzer Zeit seinen Charakter zu ändern?
Kann man einen Alten zwingen,
in kurzer Zeit seine Knochen zu stärken?
Kann man einen Schwerkranken zwingen,
sich in kurzer Zeit vom Leben zu verabschieden?
Die Antwort scheint klar zu sein.
Weshalb versucht man es dennoch?

心

30

Kann man eine Familie durch Gewalt zusammenhalten?
Kann ein Ehemann die Liebe seiner Frau durch Gewalt erzwingen?
Kann ein Vater die Achtung seiner Kinder durch Gewalt erringen?
Kann eine Mutter die Dankbarkeit ihres Kindes durch Gewalt erhalten?
Die Antwort scheint klar zu sein.
Weshalb versucht man es dennoch?

31

Kann ein Herrscher das Volk mit Gewalt unter Kontrolle halten – und erwarten, dadurch keinen Widerstand hervorzurufen?
Kann ein Herrscher das Nachbarland mit Gewalt erobern – und erwarten, von dessen Bevölkerung willkommen geheißen zu werden?
Kann ein Herrscher sein eigenes Land mit Gewalt regieren – und erwarten, dass ihm das Volk treu ergeben ist?
Kann ein Herrscher eine friedvolle Welt mit Gewalt schaffen – und erwarten, dass alle Nationen ihn dafür preisen?
Die Antwort scheint klar zu sein.
Weshalb versucht man es dennoch?

32

Keine Gewalt anzuwenden, dem Wasserfall gleich, der den Berghang hinunterströmt – das ist wahre Macht.
Keine Gewalt anzuwenden, den Wogen gleich, die an den Felsen schlagen – das ist wahre Macht.
Nur die Natur verfügt über diese Macht und sie ist dem Chi im Tempel des Tao gleich: voller Kraft, aber gewaltlos.

33

Die gewaltlose Kraft ist die größte Kraft.
Voll der Liebe ist sie und voll der Fürsorge.
Sie gleicht der Sonne, die über all die Wesen scheint –
voll der Liebe und voll der Fürsorge.
Sie gleicht dem Regen, der all die Wesen nährt –
voll der Liebe und voll der Fürsorge.
Nur Liebe und Fürsorge vermögen die Lebenskraft
wachsen zu lassen.
Deshalb bedarf es niemals der Gewalt.

34

Was ist schwerer abzuweisen?
Die Gewalt oder die Liebe?
Womit kann man einen Menschen leichter für sich gewinnen?
Mit Gewalt oder mit Liebe?
Weshalb wird das erste gelehrt, aber nicht das zweite?

35

Liebe ist das Natürlichste unter dem Himmel.
Einfach ist es zu lieben, doch schwer ist es,
selbstlos zu lieben –
wie der Himmel die Erde bedeckt und die Erde
den Himmel trägt.
Es gibt Liebe zwischen Mann und Frau.
Sie lieben einander, weil sie zusammengehören.
Es gibt Liebe zwischen Eltern und Kindern.
Sie lieben einander, weil sie zusammengehören.
Es gibt Liebe zwischen dem Herrscher und dem Volk.
Sie lieben einander, weil sie zusammengehören.
Wer aber liebt, nur um ein Teil von etwas zu sein?

36

Liebend ein Teil von einem größeren Ganzen zu sein –
das ist des menschlichen Wesens Natur.
Selbstsüchtige Liebe ist die Liebe von Himmel und Erde nicht.
Diese Liebe findet man nicht mitten im heiligen Tempel des Tao.
Sie ist nicht die Liebe der Lebenskraft,
weshalb sie auch nur von kurzer Dauer ist.

37

Wie kann man lieben, ohne selbstsüchtig zu sein?
Liebe deinen Partner, doch erwarte nichts dafür.
Erziehe deine Kinder, als wären sie die Kinder anderer.
Tue das Beste für dein Land und dein Volk,
doch beanspruche nicht die Rolle des Herrschers.
Schätze, was du an Wertvollem besitzt,
doch kümmere dich nicht darum.
Und schon bist du sehr nahe an dem,
was sich in der Mitte des Tempels befindet.

38

Was ist leichter anzunehmen?
Die Gewalt oder die Fürsorge?
Womit kann man einen Menschen leichter für sich gewinnen?
Mit Fürsorge oder mit Gewalt?
Wenn die Antwort klar ist, weshalb kümmert man sich dann nicht mehr um andere?

39

Ist Fürsorge kein Teil der menschlichen Natur?
Weshalb kümmern sich dann die Menschen so wenig
um andere?
Weil sie deren Sorgen nicht zu den ihren machen wollen,
von denen sie schon genug haben.
Sie handeln nicht selbstlos.
Sie handeln nicht wie Himmel und Erde, die selbstlos
für all die Wesen sorgen.

40

Kehre zur Natur zurück, lerne von ihr.
So wirst du die Selbstlosigkeit erkennen.
Selbstlose Fürsorge ist sorglose Fürsorge.
Wer diese erlernt hat, gelangt in die Mitte
des heiligen Tempels.
Dort wird er der vier Arten des Chi teilhaftig,
die das Leben eines jeden erheben.

41

Die Natur bring all die Wesen hervor, ohne sie zu besitzen.
Die Natur bringt die Jahreszeiten hervor, ohne sie für sich zu beanspruchen.
Die Natur vollendet sich selbst, ohne dabei an sich zu denken.
Sie bringt das Leben hervor, ohne darüber zu verfügen.
Sie lässt alles geschehen, ohne für den Erfolg zu kämpfen.
Lebe dein Leben, nimm den Kreislauf des Daseins an, beschwere dich nicht.
Wer diese drei Forderungen erfüllt, ist der Mitte des Tempels sehr nahe.

42

Den Schlüssel zu finden, um den Tempel des Tao zu betreten und mit Chi erfüllt zu werden, heißt, das Leben zu erheben.
Weshalb sollte man dies tun?
Wenn die Sehnsucht nach einem besseren Leben der Grund dafür wäre, dann ist es nicht Recht, von sorgloser Fürsorge und selbstloser Liebe zu sprechen.
Dies ist nicht der Weg des Tao und nicht das Wesen des Chi.
Ein solches Chi wird nicht lange bei einem bleiben, auch wenn man meint, seiner schon teilhaftig zu sein.

43

Das Chi bewegt sich immerfort, es gleicht der Luft.
Es ist in jedermanns Reichweite.
Es kann sich auf einen legen und dann wieder entschwinden.
Jemand vermag es einzufangen, doch bald fliegt es
wieder fort.
Nur wenige können das Chi lange Zeit halten.
Deshalb sind auch nur wenige lange Zeit
glücklich und gesund.

44

Nur wenige verstehen die Bedeutung des Chi wirklich.
Diese aber versuchen so lange wie möglich, es zu halten.
Die, welche das Geheimnis des Chi kennen, kennen auch
das Geheimnis des Lebens.
Ohne die Sonne, die Luft, das Wasser und die Nahrung
kann kein Leben existieren.
Um das Chi zu erreichen, bedarf es Viererlei:
des rechten Weges, des rechten Zieles, des rechten Umgangs
und des rechten Ortes.

45

Der rechte Weg:
Verschiedene Tempel können verschieden Dächer haben. Doch die Anzahl der Gläubigen oder die Wirkkraft der Götter hängt nicht von deren Stil oder deren Baumaterial ab.
Verschiedene Instrumente vermögen verschiedenartige Musik zu erzeugen.
Doch deren Schönheit oder Gefühlskraft hängt nicht von der Art des Instrumentes ab.
Verschiedene Menschen finden das Chi auf verschiedene Art: durch Chanten, durch Beten, durch Meditation, durch Übungen des Körpers.
Alle diese Wege sind der rechte Weg – solange man sie mit selbstloser Liebe und sorgloser Fürsorge beschreitet.

46

Das rechte Ziel:
Gesundheit, um den Kranken zu helfen.
Kraft, um die Schwachen zu stützen.
Jugend, um die Alten zu betreuen.
Reichtum, um die Armut zu beseitigen.
Freude, um die Trauer zu lindern.
All diese Ziele sind das rechte Ziel, solange man sie mit selbstloser Liebe und sorgloser Fürsorge verfolgt.

47

Der rechte Umgang:
Wesen, die ehrlich, gerecht, kraftvoll und klar sind,
sollte man suchen.
Wesen, die geizig, böse, düster oder hitzig sind,
sollte man meiden.
Den rechten Umgang zu finden ist nahezu so schwer
wie den Tempel des Tao zu betreten.
Doch erscheinen die rechten Wesen mit einem Mal,
begegne man ihnen mit selbstloser Liebe und
sorgloser Fürsorge.

48

Der rechte Ort:
Es gibt keinen falschen Ort, solange er von Klarheit, Helligkeit, Ruhe und Stille erfüllt ist.
Das eigene Herz wäre der rechte Ort.

49

Der Atem gleicht der sanften Brise in den Weiden.
Er folgt dem Geist:
Ist dieser zur Ruhe gekommen, wird auch er still.
Ist er dagegen aufgewühlt, ist er es auch.
Atmen geschieht unbewusst.
Doch durch den Geist kann es bewusst gemacht werden.
Für ein langes und gesundes Leben ist das bewusste Atmen
so wichtig wie die sanfte Brise in den Weiden.

50

Der Geist gleicht dem Wasser des Ozeans:
Es kann vielen Wesen gleichermaßen nutzen, solange es nicht aufgewühlt ist.
Nur ein ruhiger und überlegter Geist vermag seine Aufgabe zu erfüllen.
Nur ein stiller Geist kann den Tempel des Tao betreten.

51

Das Chi dauerhaft an sich zu binden und es zu nähren,
ist das Geheimnis eines langen Lebens.
Die sanfte Brise ist der Schlüssel dazu.
Man muss nicht auf den rechten Augenblick zu atmen warten.
Ebenso muss man nicht auf den rechten Moment warten,
sein Chi zu stärken.

52

Still und ruhig zu sein bedeutet nicht, nichts zu tun.
Bevor man etwas tut, sollte man sorgfältig die möglichen Folgen bedenken – und erst dann aus der Ruhe heraus handeln.
Auf diese Weise bindet man das Chi an sich.

53

Übe deinen Körper, doch vergiss nicht den Geist.
Übe deinen Geist, doch vergiss nicht den Körper.
Beide bedürfen des Chi.
Beide begleiten dich ein Leben lang.
Beide müssen genährt werden.
Beide wollen leben.
Beide wollen nicht vergehen.
Du kannst beiden helfen – aus der Stille heraus.

54

Das Chi zu üben gleicht dem Treppensteigen.
Um oben anzulangen, muss man unten beginnen.
Bleibt man in der Mitte stehen, kommt man nirgendwohin.
Sind der Stufen zu viele oder ist die Treppe zu steil,
ist es besser, Schritt für Schritt vorwärts zu schreiten,
als zwei Stufen auf einmal zu nehmen,
nur weil man denkt,
auf diese Weise schneller ans Ziel zu gelangen.

55

Das Chi lässt sich nicht vom Verstand
oder von der Kraft befehligen.
Es ist frei wie der Geist eines Neugeborenen.
Es fliegt hoch über die Berge und die Wolken,
doch es kann auch unter die Täler und die See schlüpfen.
Wer versucht, ihm während des Übens Befehle zu erteilen,
wendet Gewalt an,
weshalb er sein Chi verlieren wird.

56

Das Chi übt man am besten, indem man
den Kreis des Tao achtet.
Der Kreis des Tao ist der Kreislauf des Lebens.
Hat das Leben eines Menschen seinen Höhepunkt
überschritten, wird es still,
bis es eines Tages in die Arme der Großen Natur
zurückkehrt.
Dieses Gesetz vermag niemand zu ändern –
und sei er auch noch so mächtig.
Wer gegen die Natur ankämpft,
wird zunächst einen Sieg davontragen – aber nur,
um dann umso schneller sein Leben zu verlieren.
Deshalb ist das Chi unbesiegbar.
Man kann sich nicht gegen es richten.
Man kann aber versuchen, mit ihm zu sein.

57

Ohne Macht sollte man das Volk regieren.
Einfache Gesetze verfehlen ihre Wirkung nie.
Die Menschen werden ihnen folgen.
Hängt die Fahne eines Landes an einer
einfachen Stange, wird sie vom Wind bewegt
und die Menschen können sehen,
welche Kraft sie entfaltet.

58

Sind die Herrschenden voller Gier,
werden die Untertanen listig.
Sind die Herrschenden übereifrig,
wird das Volk träge.
Zügle dein Verlangen – und die Habgier
wird nicht Wurzeln schlagen.
Verharre still – und das Handeln wird nicht
in verwelkten Blüten enden.

59

Das Land zu regieren gleicht der Zubereitung
eines Mahls.
Zünde das Holz nicht an, bevor die Zutaten
vorbereitet sind.
Lass alle wissen, was genau gebraucht wird,
um die Speisen zu kochen.
Der Rauch, der aus der Küche steigt,
ist weithin zu sehen.

60

Was ist wichtiger bei der Zubereitung eines Mahls?
Die Speise oder das Feuerholz?
Was ist wichtiger für den Wohlstand eines Landes?
Das Volk oder der Herrscher?
Folge dem Weg zur Mitte des Taotempels.
Dann wird die Speise auf beste Weise bereitet sein.

61

Gibt es einen Hässlichen, der sich über seine
Hässlichkeit im Klaren ist?
Gibt es einen Dummen, der weiß, dass er dumm ist?
Gibt es einen Kleingewachsenen, der deswegen
demütig wäre?
Lass den, der seine Hässlichkeit erkennt,
den, der über sein Unwissen Bescheid weiß,
und den, der sich zur Demut bekennt, das Land regieren –
dies wird dem Volk zum Vorteil gereichen.

62

Alles ist nur ein Fleck.
Das Leben ist nur ein Fleck im großen Kreislauf der Natur.
Die Schönheit ist nur ein Fleck im großen Haus des Hässlichen.
Das Gute ist nur ein Fleck im großen Land des Schlechten.
Die Demut ist nur ein Fleck im großen Feld der Weisheit.
Das Chi ist nur ein Fleck auf dem Weg zum Tao.
Nimm alles mit Gleichmut an.
Alles ist nur ein Fleck.

63

Gleichmütigkeit ist Gutherzigkeit.
Gutherzigkeit heißt, all die Wesen selbstlos zu lieben
und all den Dingen sorglose Fürsorge angedeihen zu lassen.
Trage diese Gutherzigkeit hinaus, die in jedem von uns wohnt.
Dann erwachsen tausend Wege zum Guten
von diesem einen Fleck.

64

Man besitzt einen Samen, weil er wertvoll ist.
Doch ein Same bleibt ein Same.
Man fürchtet ihn zu verlieren, denn er ist der einzige, den man hat.
Ein wertvoller Same ist also nichts anderes als etwas, das Furcht und Sorge verursacht.
Deshalb sollte man den Samen in die Erde pflanzen.
Der Same wird zu einem Baum werden,
unzählige Früchte werden dort wachsen,
deren Samen werden sich verbreiten
und wieder und wieder zu guten Taten führen …

65

Das Land zu regieren, indem man das Volk unterdrückt,
heißt, es in vier Wände einzusperren.
Doch früher oder später findet sich einer,
der es schafft, die Fesseln zu sprengen.
Deshalb ist ein Zaun, der immer offen steht,
für den Regierenden wie für das Volk stets von Vorteil.

“

Wo Wasser ist, da gibt es Leben.
Alles Wasser nimmt den Weg des Tao,
es ist der Weg des Chi.
Wasser ist der Träger des Chi.
Luft ist der Träger des Chi.
Licht ist der Träger des Chi.
Liebe ist der Träger des Chi.
Fürsorge ist der Träger des Chi.

67

Fange mit dem Kleinsten an und bleibe bescheiden
wie ein Same – dann wird ein großer Stamm wachsen.
Besänftige dein Wesen, bevor du eine Familie gründest.
Bringe Einklang in deine Familie, bevor du ein Land regierst.
Ein friedvolles Land ist die Grundlage für eine wunderbare Welt.
In einer wunderbaren Welt trachtet jeder danach,
Same zu sein.

68

Ein großer Kreis besteht aus vielen kleinen Teilen.
Dort, wo Anfang und Ende eins sind, sind auch Klein
und Groß vereint –
weshalb der Kreis rund bleibt und sich ständig weiterbewegt.
Die Jungen und die Alten sind eins, die Starken und die
Schwachen.
So kann die Gemeinschaft der Menschen dem Kreis
gleich sein:
immer rund, immer vorwärtsstrebend.

69

Lasse deine Kinder wie den Samen wachsen.
Halte sie fest, doch öffne ihnen ihren eigenen Weg.
Erziehe sie, als würdest du einen Garten anlegen.
Gib ihnen, wessen sie bedürfen,
doch erwarte nicht, dass sie zu jeder Zeit blühen.
Manchmal stammen die schönsten Blumen
aus einem Samen, der lange in der Wüste schlief
und den niemand zum Wachsen zwingen kann.
Doch ein plötzlicher Regenguss mag der Welt
kostbarste Blüte hervorzubringen.

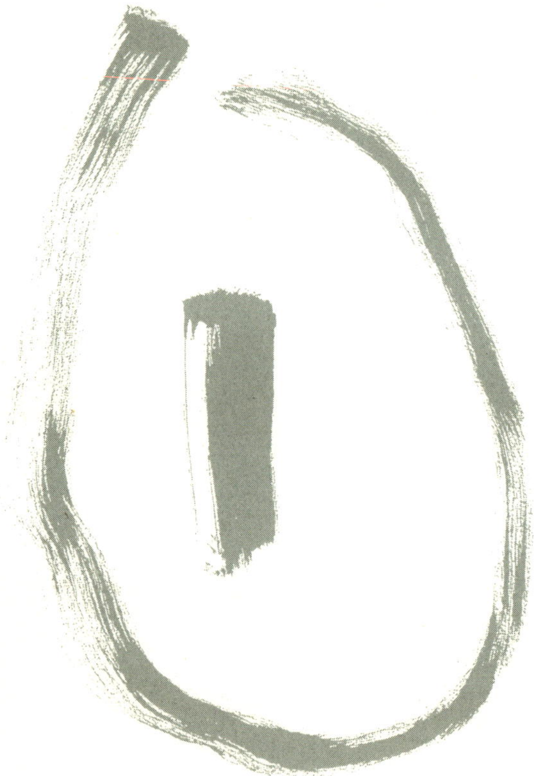

70

Kinder sind einem Ballon ähnlich.
Leicht ist er aufzublasen.
Doch schnell kann er auch seine Kraft wieder verlieren.
Wissen gleicht der Luft.
Deshalb blase nicht zu viel in den Ballon.
Niemand kann alles lernen.
Und wer alles weiß, weiß nichts.

71

Schwer ist es, sich Fertigkeiten anzueignen.
Noch schwerer ist es, sich Kenntnisse darüber anzueignen.
Besonders schwer ist es, etwas zu wissen, obwohl man denkt, man wüsste nichts.
Das höchste Wissen besteht darin, seine eigenen Grenzen zu kennen.
Der höchste Mut besteht darin, diese auch anderen gegenüber zuzugeben.

72

Was ist wichtiger?
Der Mut oder der Plan?
Was ist wichtiger?
Die Fertigkeit oder die Kenntnis?
Was ist wichtiger?
Die Liebe oder die Fürsorge?
Was ist wichtiger als wichtig?

73

Ein tapferer Soldat, der über keinerlei Kenntnisse des Kampfes verfügt, wird sein Leben verlieren.
Ein kenntnisreicher Soldat ohne Mut wird sein Ziel nicht erreichen.
Wenn ein Soldat sein Ziel ohne Gutherzigkeit erreicht, wird er bald sein Ende finden.

74

Ein kunstfertiger Mensch, der über Wissen verfügt,
möge Künstler genannt werden.
Ein Künstler möge an seine Kunst glauben.
Seine Kunst möge das Leben widerspiegeln;
dies ist der Weg des Tao.
Ein Künstler, der dem Rat anderer folgt und nicht dem Tao,
wird rasch sein Ende finden.
Denn der Rat anderer gleicht einem Schwert,
das ihn von seinem Innersten abtrennt.
Eine tote Kunst ist weder kenntnisreich noch wissend.
Wie sollte sie irgendeinen begeistern?

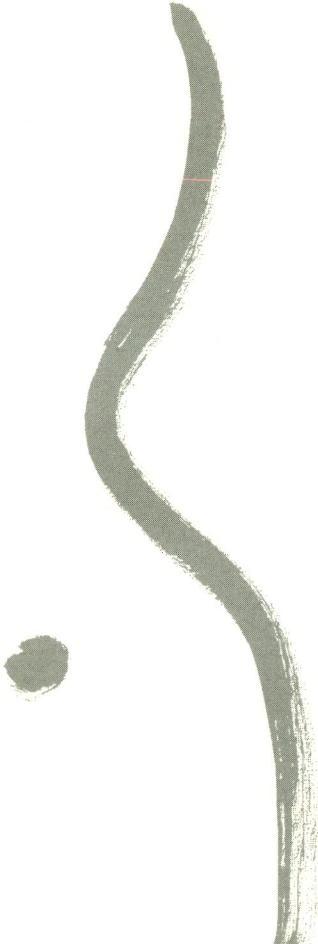

75

Die Liebe wächst im Bauche der Mutter.
Die Fürsorge liegt im Herzen der Kinder.
Sie ist das Geheimnis all der Wesen.
Somit trägt die Liebe die Fürsorge
und die Fürsorge die Liebe.
Wer die Mutter versteht,
versteht die selbstlose Liebe.
Wer die Kinder liebt,
kennt die sorglose Fürsorge.

76

Ein Tautropfen perlt auf jedem Grashalm.
Der Himmel und die Erde nähren all die Wesen
gleichermaßen.
Der Mutter Liebe und Fürsorge erstreckt sich
auf jedes noch so kleine Wesen.
Achte all diese, liebe all diese, schenke ihnen
deine Fürsorge gleichermaßen.
Denn wir alle leben im Herzen von Himmel und Erde.

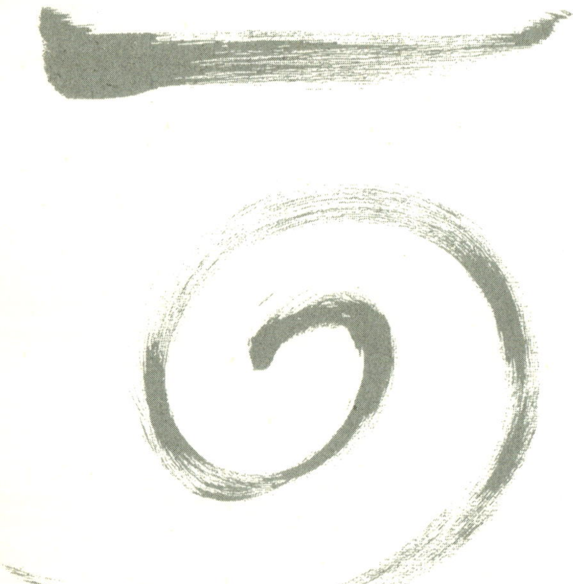

77

Wie Wasser rinnt das Tao.
Es reicht überall hin, auch zur niedrigsten Stelle,
wo keiner mehr sein will.
Hoch ist der Himmel, doch er sieht sich selbst nicht
als das Höchste an.
Deshalb kann er auch alles bedecken,
ohne etwas zu vermissen.
Wenn ein hoch gestellter Mensch sich selbst
nicht für den höchsten hält,
wird sich seine Macht von selbst überall ausbreiten.

78

Das Wasser hat keine Form.
Doch tausendfältig vermag es geformt zu werden.
Das Wasser hat keinen Geschmack.
Doch es kann mit tausend Geschmäckern vermischt werden.
Das Wasser scheint das Sanfteste zu sein.
Doch es kann den größten Schaden anrichten.
Deshalb: Sieh das Gestaltlose nicht als das Gestaltlose an,
halte das, was ohne Geschmack ist, nicht für geschmacklos,
und erachte das Harmlose nicht als das Harmlose.
Bleibe stets wachsam.
Dies wird großen Schaden verhindern.

79

Im Tempel des Tao wird niemand begünstigt.
Jeder wird auf gleiche Art behandelt.
Doch der, der voller Gleichmut ist
und alles mit selbstloser Liebe
und sorgloser Fürsorge behandelt,
wird vom Chi umarmt werden;
dann wird sein Leben emporsteigen
wie die aufgehende Sonne.

80

Der Tempel des Tao ist dazu da,
einen jeden willkommen zu heißen.
Wer fähig ist, den Eingang zu erreichen,
wird mit einem Lächeln begrüßt.
Wer fähig ist, bis zum Vorzimmer vorzudringen,
erhält dort eine Tasse Tee.
Doch wer es bis zur Gebetshalle schafft
und in deren Mitte tritt,
den wird das Chi begrüßen, von dem der Raum
übervoll ist.

81

Ein Tempel, der kein Tempel ist.
Eine Mauer, die keine Grenze ist.
Ein Halle, die leer ist.
Ein Punkt, der nicht vorhanden ist.
Dies ist der Tempel des Tao,
der jedem offen steht …

DER BLAUE OCHSE

Als wir die Tempelanlage im Morgengrauen verließen, war die Luft so klar, dass man über das gesamte Tal und sogar noch weiter bis hin zum Meer blicken konnte. Andächtig gingen mein Vater und ich den Weg, den wir gekommen waren, zurück. Noch nie hatte ich die mich umgebende Natur so intensiv wahrgenommen wie in diesen Stunden, die wir den Berg hinabstiegen. Es war, als würde ich zum ersten Mal die Schönheit der Landschaft wirklich verstehen und ihre Kraft erspüren. Der Horizont glich einer schmalen Linie zwischen Himmel und Erde, was in mir die Vorstellung aufsteigen ließ, dass hinter dieser endlosen Grenze Beginn und Ende der Welt lägen. Wie begrenzt wir doch sind, dachte ich, nicht einmal das, was uns umgibt, vermögen wir wirklich zu verstehen. Und zu meinem Vater gewandt sagte ich: »Es ist schon seltsam: Wir leben in einer Welt, die wir nicht verstehen, und dennoch finden wir uns irgendwie in ihr zurecht.« Mein Vater lächelte nur und ging weiter.

In der Nacht nach meiner Rückkehr hatte ich einen Traum: Ich sah, wie ich im Gras kniete, und mich – die Hände vor der Brust zusammengelegt – der inneren Versenkung hingab. Ich wusste nicht, wie lange ich schon so dasaß, als plötzlich eine sanfte Brise einen wunderbaren Duft mir zutrug. Ein bisschen roch er wie grüner Tee, ein bisschen wie Reiswein. Ich blickte mich um und entdeckte die Quelle dieses Wohlgeruchs: eine

Kalebasse, ein Trinkgefäß aus einem Flaschenkürbis, der an einem Gürtel aus gelber Seide hing und einem alten Mann gehörte, der auf einem blauen Ochsen daherritt. Ich erschrak: Konnte dies Lao Tse sein, welcher der Überlieferung nach auf einem solchen Tier sich aus der Welt entfernt hatte? Wenn ja, weshalb träumte ich dies, fragte ich mich – immer noch schlafend.

Als ich erwachte, lief ich aufgeregt zu meinem Vater und erzählte im von meinem Traum. Wieder gab er mir keine Antwort, sondern lächelte nur. Dann nahm er mich an der Hand und führte mich in den Garten. Dort deutete er auf Spuren, die durch das gesamte Anwesen führten und auch vor dem Zaun nicht Halt gemacht hatten. Sie stammten eindeutig von einem schweren, vierbeinigen Paarhufer.

Aber ob es ein Rind, ein Stier oder ein blauer Ochse war…wer kann das schon sagen…?

Doreen Virtue

Dr. Doreen Virtue hatte schon als Kind den sechsten Sinn und kommunizierte mit »unsichtbaren Freunden«. In der von ihr entwickelten Engeltherapie verbindet sie ihre Kompetenz als Psychologin mit ihren spirituellen Fähigkeiten.

Das Heilgeheimnis der Engel
Himmlische Botschaften
für Krankheit und Not
320 Seiten
€ [D] 8,95/€ [A] 9,20/sFr 16,50
ISBN 3-548-74102-9

Engel-Gespräche
Wahre Begegnungen
256 Seiten
€ [D] 7,95/€ [A] 8,20/sFr 14,80
ISBN 3-548-74130-4

Die Heilkraft der Engel
224 Seiten
€ [D] 7,95/€ [A] 8,20/sFr 14,80
ISBN 3-548-74128-2

Die Heilkraft der Feen
256 Seiten
€ [D] 7,95/€ [A] 8,20/sFr 14,80
ISBN 3-548-74129-0

Ullstein Taschenbuch

Die Lebenskunst des alten China entdecken mit

CHAO-HSIU CHEN

Feng Shui
Gesund und glücklich leben
ISBN: 3-548-74240-8

Feng Shui der Seele
Das Geheimnis von Partnerschaft und Körpersprache
ISBN: 3-548-74241-6

Tao Te King
Das geheimnisvolle Buch des Lao Tse neu interpretiert
ISBN: 3-548-74242-4

Tempel des Tao
Der geheime Weg zur Chi-Lebenskraft
ISBN: 3-548-74243-2

Der Meister
Die Suche nach dem Schatz des Lebens
ISBN: 3-548-74238-6

Die Worte des Meisters
Konfuzianische Weisheiten
ISBN: 3-548-74239-4

ULLSTEIN

Allegria

Der Bestseller im Kino: neue Einsichten, Synchronizität und die Kunst des Filmens

Die Prophezeiungen von Celestine
€ 8,95 · 368 Seiten
ISBN: 3-548-74119-3

Die Vision von Celestine
€ 8,95 · 320 Seiten
ISBN: 3-548-74120-7

Die zehnte Prophezeiung von Celestine
€ 8,95 · 352 Seiten
ISBN: 3-548-74149-5

Das Handbuch der zehnten Prophezeiung von Celestine
€ 10,95 · 384 Seiten
ISBN: 3-548-74117-7

Rückkehr nach Celestine
€ 20,– · geb. 260 Seiten
ISBN: 3-7934-2025-6

Die Erkenntnisse von Celestine
€ 9,95 · 320 Seiten
ISBN: 3-548-74116-9

Das Geheimnis von Shambala
€ 8,95 · 352 Seiten
ISBN: 3-548-74118-5

Gott und die Evolution des Universums
€ 10,95 · 384 Seiten
ISBN: 3-548-74148-7

CHAO-HSIU
CHEN
Das Lied
der Hoffnung
RÜTTEN & LOENING